ベターホームの
ひんやりスイーツ

ぷるんとしたゼリーや、ふわふわのムースなど、
冷たいお菓子のレシピを集めました。

焼き菓子などと比べると、工程はとってもシンプル。
かんたんで、ほとんど失敗しないので、
お菓子作り初心者でも、気軽にチャレンジできます。

"ひんやり洋風スイーツ"には、
みんなが大好きなプリンや、
おもてなしにぴったりのレアチーズケーキなど、
定番から、あの憧れのスイーツまで盛りだくさん。
"ひんやり和風スイーツ"では、
いもやあんこなどを使ったほっとするお菓子や、
コーヒーや生クリームとコラボレーションした
新顔スイーツまでをご紹介。

ふだんのおやつに、おもてなしに、午後のティータイムにと、
かんたん・おいしい"ひんやりスイーツ"を楽しみませんか。

ベターホーム協会

Contents

4……この本のきまり

western-style sweets
5……ひんやり洋風スイーツ

6……ヨーグルトのクレーム・ダンジュ
10……杏仁豆腐
12……マンゴープリン
16……甘夏のゼリー
18……やわらかミルクプリン
20……スパークリングワインのゼリー
　　　メロンとぶどうのゼリー
24……チャイ風味のムース
26……カフェモカゼリー
　　　ココアムース
30……桜のレアチーズケーキ
34……桃のコンポートゼリー
36……キウイソースのヨーグルトムース
38……なめらかプリン
40……かぼちゃプリン
42……紅茶プリン
44……ココアクッキーのアイス
　　　マンゴーのアイス
48……ミルクアイス
50……グレープフルーツシャーベット
52……ゴルゴンゾーラのアイスクリーム
　　　バジルのシャーベット
56……ブルーベリーとヨーグルトのジェラート

japanese-style sweets
57 ひんやり和風スイーツ

58……あんみつ
62……コーヒー水ようかん
64……ゆるゆるカラメルかんてん
66……いもようかん
68……いちごの水まんじゅう
70……わらびもちのフォンデュ
72……豆乳プリン
　　　あずきミルクゼリー
76……とうふ入り2色だんご
80……抹茶白玉
82……あんず大福
84……ゆずシャーベット
86……水のゼリー

various beverages
87 ひんやりスイーツに合わせたいドリンク

88……煎茶／水出し緑茶／ハーブ緑茶
89……紅茶／ロイヤルミルクティー／ハニージンジャーティー
90……チャイ／ドライフルーツの水出しアイスティー／いちご紅茶
91……ぶどうのアイスティー／スパークリングアイスティー／オレンジアイスティー
92……アイスコーヒー／カフェオレ／氷コーヒー
93……カプチーノ／カフェモカ／インスタントエスプレッソ
94……ブランデークリームカフェ／ミルクココア／キャラメルミルクコーヒー
95……ジンジャーエール／みかんくず湯／ストロベリーシェイク

この本のきまり

▶ **計量の単位**
カップ1＝200mℓ　大さじ1＝15mℓ　小さじ1＝5mℓ

▶ **電子レンジ**
加熱時間は500Wのめやす時間です。
600Wなら加熱時間は0.8倍、700Wなら0.7倍にしてください。

▶ **オーブン**
電気オーブンの場合の温度です。
ガスオーブンの場合は、10〜20℃下げてください。

▶ **粉ゼラチン**
ふやかし不要タイプ（温かい液体に直接ふり入れて溶かします・写真a）を使っています。ただし、液体に牛乳や生クリームなどの乳脂肪分が混ざっている場合などは溶けにくいので、事前に水でふやかしておきます（写真b）。また、ゼラチンを冷たい液体に加える場合は、事前に水でふやかし、さらに湯せんで溶かしてから加えます（写真c。この本では、p．30「桜のレアチーズケーキ」、p．36「キウイソースのヨーグルトムース」が該当します）。

▶ **粉かんてん**
液体に直接加えて（写真d）煮溶かすタイプの粉かんてんを使っています。溶け残らないよう、混ぜながらしっかり煮溶かしましょう（写真e）。溶けきる前に砂糖などの糖分を加えると、溶けムラができるので注意します。

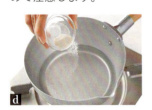 

▶ **酒類**
キルシュワッサー、コーヒーリキュールなどの洋酒を、風味づけに使っています。なければ省いてもかまいません。また、子ども向けに作る場合は、念のため省きましょう。

ひんやり洋風スイーツ

western-style sweets

Betterhome
Sweets Cafe
01
hinyari sweets

Crémet d'Anjou au yaourt

ヨーグルトの
クレーム・ダンジュ

クレーム・ダンジュは
フランスのアンジェ地方に伝わるデザート。
本来はフロマージュ・ブランという
フレッシュチーズで作るものですが、
ここでは手軽に作れるよう、
水きりしたヨーグルトをチーズ代わりに！
イタリアンメレンゲが加わり、
ふわふわの食感に仕上がります。

いちごソースのかくし味に、バルサミコ酢を少したすと
味がきゅっと引きしまります。

材料です

[口径8㎝程度の器4個分]

〈クレーム・ダンジュ〉
水きりヨーグルト（p.8参照）…130g
卵白…1個分
A［ 水…大さじ1
　 砂糖…40g
生クリーム…85㎖
レモン汁…小さじ2

〈いちごソース〉
いちご…150g
グラニュー糖（または砂糖）…70g
レモン汁…小さじ1
バルサミコ酢…小さじ½

〈飾り（好みで）〉
ミントの葉…少々

ガーゼ（20×20㎝）…8枚

ヨーグルトのクレーム・ダンジュの作り方

準備

🐻 **水きりヨーグルトを作る**

・ボールにざるをのせ、ペーパータオルを2〜3枚重ねて敷き、プレーンヨーグルト450gを入れて包む。ラップをして冷蔵庫で6〜12時間おく（写真左）。
・ガーゼは20×20cmに切り、8枚用意する。器に2枚重ねて敷く（写真右）。

🐻 **いちごソースを作る**

いちご150gは洗ってへたをとり、半分（大きいものは4つ割り）に切る。ホーローかステンレス製の鍋にいちご、グラニュー糖70g、レモン汁小さじ1を入れ、ざっと混ぜ、1時間以上おく（冷蔵庫にひと晩おいてもよい）。

いちごから水分が出てきたら、強火にかける。沸騰したら中火にし、アクをとりながら3〜4分煮る。

火を止め、バルサミコ酢小さじ½を加えて混ぜ、さます。冷蔵庫で冷やしておく。

ソースは清潔な保存容器に入れ、冷蔵庫で1週間ほど保存可能。ヨーグルトやアイスクリームにかけたり、紅茶に入れても合う。

🐻 **クレーム・ダンジュを作る**

450gのヨーグルトから約200gの水きりヨーグルトができる。このうち、130gをとり分けて使う。

🅟 残った水きりヨーグルトはそのまま食べられます。はちみつやジャムをかけてどうぞ。

大きめのボールに生クリーム85mlを入れ、ボールの底を氷水にあてながら、ハンドミキサーで六〜七分立て（羽根を持ち上げるとクリームのあとが残るくらい）に泡立てる。

ハンドミキサーの羽根を洗って、水気をしっかりふく。別のボールに卵白1個分を入れ、ハンドミキサーでツノが立つまで泡立てる。

鍋に**A**〈水大さじ1、砂糖40g〉を入れ、中火にかける。鍋を時々ゆすりながら1〜2分沸騰させ、1円玉大の泡が全体に出るくらいまで煮つめる。

4が熱いうちに、少しずつ**3**に加えながら、あら熱がとれてつやが出るまで泡立てる（イタリアンメレンゲ）。

🅟 このメレンゲは泡がつぶれにくく、お菓子の形を安定させます。熱いシロップを加えることで卵白を殺菌する効果も。

泡立て器にかえ、**2**に、水きりヨーグルト130g、レモン汁小さじ2を順に加えて混ぜる。

続いて、**5**のイタリアンメレンゲの半量を加え、泡立て器でよく混ぜる。残りのメレンゲを加え、ゴムべらにかえ、生地を底から持ち上げるようにしてさっくりと混ぜる。

ガーゼを敷いた器に、4等分して入れる。口を輪ゴムで止め、冷蔵庫で冷やす（1時間半〜2時間）。

ガーゼをとって皿に盛り、ソースをかける。好みでミントの葉少々を飾る。

材料

[4人分]

粉かんてん…小さじ½（1g）
水…100㎖
砂糖…大さじ3
牛乳…200㎖
アマレット*…大さじ1

〈シロップ〉
水…100㎖
砂糖…大さじ2

くこの実（あれば）…8個

*アーモンドのような香りのするリキュール。省いても作れますが、杏仁豆腐のような香りはつきません。アーモンドエッセンス2～3滴でも代用可。

準備　牛乳は室温にもどす。

1　鍋に分量の水を入れ、粉かんてんをふり入れる。

2　強火にかけ、混ぜながら煮溶かす。沸騰したら弱火にし、さらに混ぜながら約1分煮る。砂糖大さじ3を加え、溶かす。

3　牛乳を少しずつ加え、混ぜる。再沸騰する直前に火を止め、アマレットを加えて混ぜる。温かみが残っているうちに、ボールに流し入れる。さめたら、冷蔵庫で冷やし固める（約1時間）。

4　鍋にシロップの材料を合わせて中火にかける。混ぜながら砂糖を溶かし、煮立ったら、火を止める。くこの実を加え、さめたら冷蔵庫で冷やす。3をスプーンですくって器に盛り、シロップをかける。

Mango pudding
マンゴープリン

汗ばむ時期には、暑い国のスイーツが食べたくなります。
甘さ、酸味、コクと、三拍子そろった
マンゴープリンは、まさにその代表格です。

"プリン"という名がついていますが、
本来のプリンのように卵液を蒸して作るのではなく、
マンゴーの果肉をつぶして、ゼラチンで冷やし固めたもの。
今回は、本場・香港のレストランで供されるような、
ちょっとなつかしい形の型で作りました。
美しく飾りつけして、
優雅なティータイムをお過ごしください。

材料です

[容量約80mlのゼリー型5個分]

- 粉ゼラチン(ふやかし不要タイプ)…7.5g
- 水…大さじ3
- マンゴー*…1 1/2個(約500g・正味300g)
- レモン汁…大さじ1/2
- 生クリーム…80ml
- A [牛乳…50ml / 砂糖…50g]
- B [砂糖…大さじ1 / コアントロー(あれば)**…大さじ1/2]
- ラズベリー・ブラックベリー…各5粒
- ミント…1枝

**オレンジのリキュール。グランマルニエ、オレンジキュラソーでも。

*マンゴープリン作りに向くのは、甘味の多い、赤くて丸いアップルマンゴー(左)。冷凍マンゴー(中)は、冷蔵庫で半解凍してすぐに使えるので手軽です。黄色いペリカンマンゴー(右)はやや酸味が強いので、レモン汁を減らすか省きます。

マンゴープリンの作り方

準備

ゼラチン7.5gは水大さじ3にふり入れてふやかす。

🐻 マンゴーをピュレにする

マンゴー1½個は、平たい種を除いて皮を厚めにむく。果肉をざく切りにする。

ⓟ 種のまわりと皮のすぐ下の部分は繊維が多く、食感が悪くなるので使いません。

果肉をミキサーにかける。なめらかになったら、味を見て、レモン汁大さじ½を少しずつ加える（マンゴーピュレ）。マンゴーの酸味が強いときは、レモン汁を減らすか、省いてもよい。

ピュレの重量をはかる。250gはマンゴープリン用に、50gは仕上げのソース用にとりおく。

🐻 マンゴープリンを作る

ボールに生クリーム80mlを入れ、底を氷水にあてながらハンドミキサーか泡立て器で六〜七分立て（羽根を持ち上げるとクリームのあとが残るくらい）に泡立てる。使うまで氷水にあてておく。

小鍋に**A**〈牛乳50ml、砂糖50g〉を入れて中火にかけ、混ぜながら砂糖を溶かし、沸騰直前に火からおろす。ふやかしたゼラチンを加え、完全に溶かす。大きめのボールに移す。

ⓟ ゼラチンは完全に溶かしましょう。溶けきっていないと、固まらなかったり、ダマができたりして、なめらかに仕上がりません。

5にマンゴーのピュレを250g、**4**の生クリームを順に加え、泡立て器でそのつどよく混ぜる。

ボールの底を氷水にあて、ゴムべらで混ぜながら少しとろみがつくまで冷やす。

P 材料を混ぜ合わせている間にとろみがついてきたら、氷水にあてなくてもかまいません。

型をさっと水でぬらし、生地を流し入れる。冷蔵庫で冷やし固める（1〜2時間）。

ソースを作り、盛りつける

ソース用のピュレ50gに**B**〈砂糖大さじ1、コアントロー大さじ½〉を加えて混ぜる。

型から抜き、皿に盛る。ソースを添え、ラズベリーとブラックベリー、ミントを飾る。

P 型から出すときは、型を50℃くらいの湯にさっとつけて、ふちを竹串で少しはがしてから皿にかぶせます。逆さにして1〜2回軽く上下にふると、きれいにとり出せます。

グラスに作って、そのまますくって食べてもよいでしょう。

Betterhome Sweets Cafe 04
hinyari sweets

Sweet summer orange jelly
甘夏のゼリー

皮をケースに仕立てます。
フレッシュな果肉とゆるゆるゼリーが両方楽しめる！

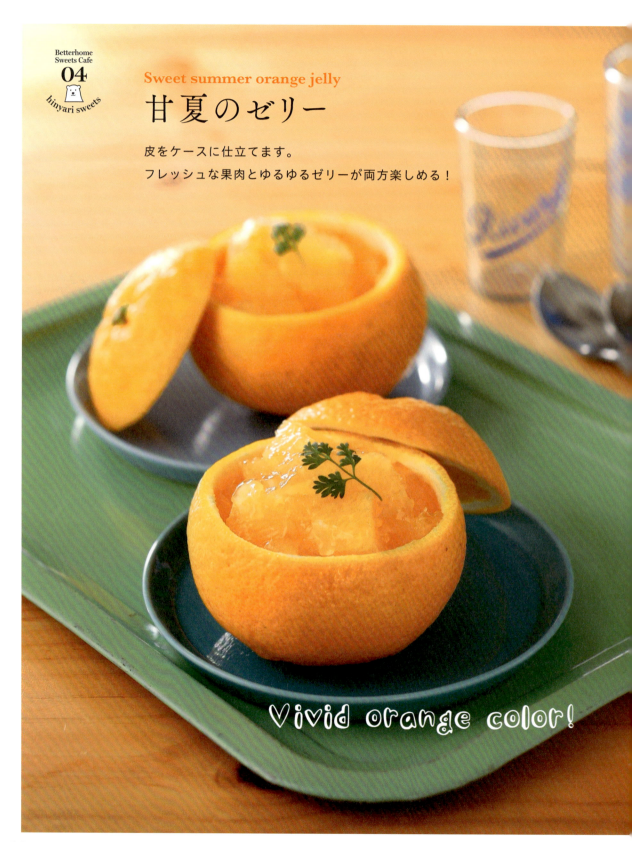

Vivid orange color!

16　HINYARI SWEETS BOOK

材料 ［甘夏みかんのケース2個分］

甘夏みかん*…3個（約1kg）
粉ゼラチン（ふやかし不要タイプ）
　　…5g
砂糖…大さじ4

コアントロー**（あれば）
　　…小さじ2
セルフィーユ（あれば）…少々

＊夏みかん、オレンジでも同様に作れます。
＊＊オレンジのリキュール。グランマルニエ、オレンジキュラソーでも。

準備 ボールにざるをのせ、ぬらしてかたくしぼったふきんをのせる。

1. 甘夏2個はよく洗い、半分よりやや上を切り落とす。皮と果肉の間にナイフを入れ、ぐるりと切りこみを入れる。スプーンなどで、準備したふきんに中身を汁ごととり出す。わたはこそげるようにして、とり除く。

2. ふきんごとしぼって果汁をとる。皮はケースとして使うので冷やしておく。残りの1個は果肉をとる。上下を薄く切り落として皮を厚めにむく。房と房の間に包丁を入れて、果肉を切り離す。このとき出てくる果汁はしぼった果汁に加える。果肉は2cm大に切る。

3. 2でとった果汁に水をたして350mlにする。ホーローかステンレス製の鍋に入れ、砂糖を加えて中火にかける。混ぜながら砂糖を溶かし、沸騰直前になったら火からおろす。ゼラチンをふり入れて、完全に溶かす。ボールに移し、底を氷水にあて、ゴムべらで混ぜながらさます。コアントローと果肉を加える。

4. ボールに入れたまま、冷蔵庫で冷やし固める（約2時間）。スプーンでゼリーを軽くくずして皮のケースに盛る。セルフィーユを飾る。

Soft milk pudding
やわらかミルクプリン

やさしく、なつかしい味わい。
ゼラチンの量を少なめにしたので、口の中ですっととろけます。

Smooth mouthfeel!

［材料］　[容量約80mlのプリン型5個分]

牛乳…200ml
砂糖…40g
粉ゼラチン（ふやかし不要タイプ）
　…5g
水…大さじ2½

生クリーム…150ml

〈マーマレードソース〉
オレンジマーマレード…大さじ1
レモン汁…大さじ½

［準備］　ゼラチンは分量の水にふり入れてふやかす。

1　鍋に牛乳と砂糖を入れて中火にかけ、混ぜながら砂糖を溶かす。

2　沸騰直前になったら火からおろし、ふやかしたゼラチンを加え、完全に溶かす。生クリームを加えて混ぜる。

3　鍋の底を氷水にあて、ゴムべらで混ぜながら少しとろみがつくまで冷やす。

4　型に流し入れ、冷蔵庫で冷やし固める（約1時間）。マーマレードとレモン汁を混ぜ合わせてソースを作る。

5　型から抜く。型を50℃くらいの湯にさっとつけてから、皿をかぶせる。逆さにして1～2回軽く上下にふってとり出す。ソースをかける。

Sparkling wine jelly & Melon grape jelly

スパークリングワインのゼリー
メロンとぶどうのゼリー

少し大人っぽいゼリーを2種。

スパークリングワインのゼリーは
ワインの風味と炭酸が刺激的。
もうひとつは、メロンとぶどうをちりばめた、
きれいなフルーツの宝石箱に仕上げました。

ひんやり、ぷるんとした口あたりに、
暑さもやわらぎそうです。

（材料）

【スパークリングワインのゼリー・写真奥】
[容量約100㎖の器4個分]
粉ゼラチン（ふやかし不要タイプ）
　…5g
A　水…170㎖
　　グラニュー糖*…45g
レモン汁…小さじ2
スパークリングワイン**…150㎖
ラズベリー…8粒
ブラックベリー
　（またはブルーベリー）…4粒

*砂糖でも代用できますが、やや透明感が損なわれます。
**アルコールを避けたいときは、ノンアルコールのシャンメリーでも作れます。

（材料）

【メロンとぶどうのゼリー・写真手前】
[容量約600㎖の角型1個分]
粉ゼラチン（ふやかし不要タイプ）
　…12g
B　水…300㎖
　　グラニュー糖*…60g
白ワイン***…100㎖
レモン汁…小さじ2
カットメロン、好みのぶどう（種なし）
　…合わせて200g

*砂糖でも代用できますが、やや透明感が損なわれます。
***アルコールを避けたいときは、白ぶどうジュース（クリアタイプ）でも作れます。

《型について》
手持ちの保冷容器などでも作れます。ステンレスなど金属製のものだと早く固まります。

スパークリングワインのゼリーの作り方

Sparkling wine jelly
スパークリングワインのゼリー

> 準備

- スパークリングワインは冷やしておき、作り方4で使う直前にはかる。
- グラスにラズベリー2粒、ブラックベリー1粒ずつを入れる。

鍋に**A**〈水170㎖、グラニュー糖45g〉を入れて中火にかける。混ぜながらグラニュー糖を溶かし、沸騰直前になったら火からおろす。

1にゼラチン5gをふり入れ、ゴムべらで混ぜて完全に溶かす。

> P ゼラチンは沸騰させると固めるはたらきが弱くなるので、火からおろして加えます。

2をボールに移し、レモン汁小さじ2を加える。ボールの底を氷水にあて、混ぜながらさます。

スパークリングワイン150㎖をはかり、ボールのふちから静かに加える。そっとひと混ぜする。

> P ワインが泡立って炭酸が抜けないよう、やさしく混ぜます。

4をレードルでグラスに流し入れる。冷蔵庫で冷やし固める（1時間〜1時間30分）。

Melon grape jelly
メロンとぶどうのゼリー

（準備）

・ぶどうは皮をむく。
・型にメロンとぶどう合わせて200gを入れる（型は氷水を入れたトレーに置き、型ごと冷やしておくと早く固まる）。

鍋に**B**〈水300㎖、グラニュー糖60g〉を入れて中火にかける。混ぜながらグラニュー糖を溶かし、沸騰直前になったら火からおろす。

ゼラチン12gをふり入れ、ゴムべらで混ぜて完全に溶かす。白ワイン100㎖とレモン汁小さじ2を加えて混ぜる。

鍋の底を氷水にあて、混ぜながらさます。

型に**3**を流し入れ、トレーごと冷蔵庫で冷やして固める（1時間〜1時間半）。

型からとり出し、好みの大きさに切る。

P 50℃くらいの湯を入れたトレーに、型の底と周囲を10秒ほどつけると、ゼリーがゆるんで型から出しやすくなります。

メロンとぶどうのゼリーの作り方

Betterhome Sweets Cafe 07 hinyari sweets

Chai flavored mousse
チャイ風味のムース

Exotic!

インドのミルクティ"チャイ"を
ムースで味わいましょう。
ほのかなしょうがの香りがポイントです。

材料 ［容量約80mlの器4個分］

- 粉ゼラチン（ふやかし不要タイプ）…5g
- 水…大さじ2
- 紅茶の葉…大さじ1½
- 熱湯…50ml
- しょうが…小1かけ（5g）
- シナモンパウダー…小さじ¼
- 牛乳…150ml
- 卵黄…1個分
- 砂糖…30g
- 生クリーム…50ml

〈飾り用〉
- 生クリーム…大さじ1
- シナモンパウダー…少々

準備 ゼラチンは分量の水にふり入れてふやかす。
しょうがは皮をこそげて、すりおろす。

1. 鍋に分量の熱湯を入れ、紅茶の葉、しょうが、シナモン小さじ¼を加える。ふたをして約2分おいてむらす。

2. 1に牛乳を加えて中火にかける。煮立ったら弱火にし、2分ほど煮る。火からおろして、ふやかしたゼラチンを加え、完全に溶かす。茶こしでこす。

3. ボールに卵黄と砂糖を入れ、泡立器で白っぽくなるまですり混ぜる。2を少しずつ加えて混ぜる。万能こし器でこす。

4. 別のボールに生クリーム50mlを入れ、底を氷水にあてながら、泡立器で六〜七分立て（泡立器を持ち上げるとクリームのあとが残るくらい）に泡立てる。続いて、3のボールの底を氷水にあて、混ぜながら冷やす。生クリームと同じくらいのとろみがついたら、生クリームを加えて混ぜる。

5. 器に流し入れて、冷蔵庫で冷やし固める（約2時間）。生クリーム大さじ1をかけ、シナモン少々をふる。

※生の卵を使い、加熱していないので、2日以内に食べきります。

Café mocha jelly & Cocoa mousse
カフェモカゼリー ココアムース

ココアを使った手軽なスイーツを2種。

カフェモカゼリーは、コーヒーを加えて
ほんのりビターな大人の味に。
ココアムースは、ふんわりと軽い口溶けが特徴。

好みのフルーツとミントで飾りつけて、
持ち寄りパーティやプレゼントにもどうぞ。

 材料

【カフェモカゼリー・写真右上】
[容量約90mlの器4個分]

- 粉ゼラチン（ふやかし不要タイプ）
  …5g
- 水…大さじ2

A
- インスタントコーヒー…大さじ1
- ココア（無糖）…大さじ1
- 砂糖…30g

B
- 牛乳…200ml
- 水…100ml

コーヒーリキュール*…小さじ1
生クリーム**（あれば・
　直前まで冷やしておく）…大さじ2

*コーヒー風味のリキュールで、「カルーア」
等の名称で売られています。
**市販のホイップクリーム（泡立てた状態で
売っているもの）大さじ4で代用しても。

材料

【ココアムース・写真左下】
[容量約80mlの器5個分]

- 粉ゼラチン（ふやかし不要タイプ）
  …2.5g
- 水…大さじ2

ココア（無糖）…大さじ2
砂糖…40g
牛乳…150ml
生クリーム…100ml

〈飾り用〉
ココア…小さじ1
バナナ…5mm厚さの輪切り×5枚
　レモン汁…少々
ミントの葉（あれば）…少々

カフェモカゼリーの作り方

Café mocha jelly
カフェモカゼリー

▶ 準備

ゼラチン5gは、水大さじ2にふり入れてふやかす。

ボールに**A**〈インスタントコーヒー大さじ1、ココア大さじ1、砂糖30g〉を合わせ、泡立て器でよく混ぜる。

小鍋に**B**〈牛乳200㎖、水100㎖〉を入れ、沸騰直前まで温める。1に少しずつ加えて混ぜ、鍋に戻し入れる。中火にかけ、沸騰直前になったら火からおろす。

2にふやかしたゼラチンを加えて、完全に溶かす。茶こしでこし、あら熱がとれたら、コーヒーリキュール小さじ1を加えて混ぜる。

ボールの底を氷水にあて、ゴムべらで混ぜながらとろみがつくまで冷やす。器に流し入れ、冷蔵庫で冷やし固める（約1時間30分）。

小さめのボールに生クリーム大さじ2を入れ、とろりとするまで泡立て器で泡立てる。4にのせ、ココア少々（材料外）を茶こしでふる。

Cocoa mousse
ココアムース

> 準備

ゼラチン2.5gは、水大さじ2にふり入れてふやかす。

鍋にココア大さじ2と砂糖40gを合わせる。牛乳150mlの中から大さじ2を加えて、ダマにならないようによく練り混ぜる。残りの牛乳を加えて混ぜる。

中火にかけ、混ぜながら沸騰直前まで温める。火からおろし、ふやかしたゼラチンを加え、完全に溶かす。

2をボールに移す。ボールの底を氷水にあて、ゴムべらで混ぜながらとろみがつくまで冷やす。氷水からはずす。

別のボールに生クリーム100mlを入れる。ボールの底を氷水にあてて、3と同じくらいのとろみがつくまで泡立器で泡立てる。

3に4を加え、混ぜる。器に流し入れ、冷蔵庫で冷やし固める（約2時間）。飾り用のココア小さじ1を茶こしでムースにふる。バナナ5枚にレモン汁少々をまぶしてのせ、ミントの葉少々をのせる。

※バナナの代わりに、ラズベリーやブルーベリーでも（バナナは変色しやすいので、食べるまでに時間があくときは避けます）。

Cherry blossom cheesecake
桜のレアチーズケーキ

材料を混ぜて冷やすだけで作れるレアチーズケーキ。
でも、今回はちょっぴり工夫して、
桜を散りばめたゼリーを上に流しました。
ほどよい塩気がアクセントになって、
ケーキの甘さが引き立ちます。

難しそうに見えますが、
しっかり手順どおりに作れば大丈夫。
華やかなので、パーティにもおすすめです。

材料です

[直径18㎝の底が抜ける丸型1個分]

〈土台〉
ビスケット（市販）*…80g
バター（無塩）…40g

〈レアチーズ〉
クリームチーズ…250g
砂糖…50g
レモン汁…大さじ1
プレーンヨーグルト…150g
生クリーム…150㎖

粉ゼラチン（ふやかし不要タイプ）…10g
水…50㎖

〈桜ゼリー〉
水…180㎖
砂糖…20g
粉ゼラチン（ふやかし不要タイプ）…5g
キルシュワッサー（あれば）**…大さじ1
桜の花の塩漬け…30g

*ビスケットは、塩気の少ないプレーンな味のものがおすすめ。
**さくらんぼから作られるリキュール。なければ、ホワイトキュラソーやホワイトラムを使っても。

桜のレアチーズケーキの作り方

> **準備**
- クリームチーズ250gは室温におくか、電子レンジで約30秒（500W）加熱し、やわらかくする。
- ヨーグルト150g、生クリーム150mlは室温にもどす。
- バター40gは湯せんにかけて溶かし、温めておく（溶かしバター）。

🐻 **土台とレアチーズを作る**

ビスケット80gを厚手のポリ袋に入れ、めん棒などで袋の上からたたいて細かくくだく。ボールに入れ、溶かしバターを熱いうちに加える。全体がしっとりするまで、よく混ぜる。

1を型に入れて広げ、表面にラップをあてて、手の甲を使ってしっかり押さえる。ラップをかけたまま、冷蔵庫で冷やし固める。

大きめのボールにクリームチーズ250gを入れ、泡立器でクリーム状になるまで練る。

砂糖50gを加え、ざらつきがなくなるまで、よく混ぜる。レモン汁大さじ1、ヨーグルト150g、生クリーム150mlを順に加え、そのつどよく混ぜる。

水50mlに粉ゼラチン10gをふり入れてふやかし、湯せんにかけて溶かす（p.4参照）。**4**に少しずつ加えながら手早く混ぜる。

> 🅟 ゼラチンは冷えると固まり始めるので、手早く混ぜます。生地に気泡が入らないよう、混ぜるときは泡立てません。

2のラップをはずし、**5**を型に流し入れる。ラップをかけ、冷蔵庫で冷やし固める（約1時間）。

🐻 桜ゼリーを作る

桜の花30gは洗い、水に約30分つけ、塩を抜く。形のよいものを8個とりおき、残りは花びらをつむ。

P 桜の花はわずかに塩気が残るくらいまで塩を抜きます。味をみて塩気が強ければ、塩抜き時間を長めにします。

6が固まったのを確認する（型を持ち上げて左右にかたむけても、中心がゆれなければOK）。鍋に水180mlと砂糖20gを入れ、中火にかけて砂糖を煮溶かす。火からおろす。

粉ゼラチン5gをふり入れ、完全に溶かす。ゼラチンが完全に溶けたらキルシュワッサー大さじ1を加える。

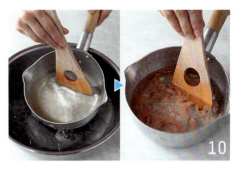

鍋の底を氷水にあて、混ぜながらさます。とろみが出てきたら、つんだ花びらを加える。

P 熱いうちに花を加えると色が抜けるため、さめてから加えます。

レアチーズの上に、10を静かに流し入れる。桜の花8個を均等に散らす。再び冷蔵庫で冷やし固める（約1時間）。タオルを湯でぬらしてしぼり、型のまわりに数秒あてる。逆さにした器などの上に型を置き、型の外枠を下にすべらせるようにして、ケーキをとり出す。

＊切り分けるときはナイフを湯で温めると、きれいに切れます。

型を使う代わりに、器に1人分ずつ作ってもよい（土台は省いても）。

Betterhome Sweets Cafe 10
hinyari sweets

Peach compote jelly
桃のコンポートゼリー

皮ごと煮ると、煮汁はきれいなピンク色。
果肉と一緒にゼリーにして、
おいしさ全部をとじこめます。

Beautiful pink

材料 [4人分]

桃（白桃）…小2個（350g～400g）
A ┃ 砂糖…45g
　┃ 水…230㎖
　┃ レモン汁…大さじ1½
粉ゼラチン（ふやかし不要タイプ）…2.5g
キルシュワッサー*（あれば）…大さじ1

〈飾り（好みで）〉
セルフィーユ…少々

クッキングシート

＊さくらんぼから作るリキュール。いちごやパイナップルなど、酸味のあるフルーツを使ったお菓子に合います。なければ、ホワイトキュラソーやホワイトラムを使っても。

準備
クッキングシートを鍋の大きさに合わせて切り、数か所穴をあけて、紙の落としぶたを作る。

1 桃はよく洗う。皮ごと8個のくし形に切り、種を除く。ホーローかステンレス製*の鍋に入れる。

＊アルミ製の鍋は、くだものや酢などの酸に弱いので、なるべく避けましょう。ホーロー、ステンレス製の鍋が向きます。

2 Aを加え、中火にかける。沸騰したら弱火にし、紙の落としぶたをして約10分煮てあら熱をとる。桃は汁気をよくきって別の容器にとり出し、さます。

3 煮汁は茶こしでこして、再び鍋に戻す。中火で3～4分煮つめて、約150㎖にする。火からおろし、ゼラチンをふり入れて完全に溶かす。キルシュワッサーを加え、さます（鍋からボールに移すと早くさめる）。

＊煮汁が150㎖にたりないときは湯をたします。はかるときは熱いので注意。

4 桃の皮をむいて容器や型に並べ、**3**を流し入れる。さめたら冷蔵庫で冷やし固める（1～2時間）。固まったらゼリーをくずし、桃と一緒に器に盛る。セルフィーユなどを飾る。

Yogurt mousse with kiwi fruit sauce
キウイソースのヨーグルトムース

Fluffy!

ヨーグルトと生クリームを使ったふわふわムースと、
酸味のきいたキウイのソースがよく合います。

材料

[容量約100mlの器4個分]

粉ゼラチン（ふやかし不要タイプ）…5g
水…大さじ3
A [生クリーム…100ml
    砂糖…30g]
プレーンヨーグルト…200g

〈キウイソース〉
キウイフルーツ…1個
B [砂糖…大さじ1
    レモン汁…小さじ1]

ボールにAを合わせ、底を氷水にあてながら、泡立器で六〜七分立て（泡立器で持ち上げるとあとが残るくらい）に泡立てる。

氷水をはずし、ヨーグルトを加えて混ぜる。

分量の水にゼラチンをふり入れてふやかし、湯せんにかけて溶かす（p.4参照）。2に少しずつ加えながら手早く混ぜる。容器に流し入れ、冷蔵庫で冷やし固める（1〜2時間）。

キウイは皮をむき、みじん切りにして、Bを加えて混ぜる。3にかける。

Smooth pudding
なめらかプリン
口の中でなめらかにとろけるプリンに挑戦。
やわらかいので、
器から直接スプーンですくって食べます。

材料

[容量約80mlの耐熱容器6個分]

牛乳…200ml
卵…2個
砂糖…50g
生クリーム…100ml
バニラオイル*…少々

〈カラメルソース〉
砂糖…30g
水…大さじ1
熱湯…大さじ1

*バニラエッセンスでも代用できますが、やや風味は弱くなります。

準備

オーブンは170℃（ガスオーブン160℃）に予熱する。

1

〈カラメルソース〉分量の熱湯とプリンを流す容器を近くに用意しておく。小鍋に砂糖30gと分量の水を入れ、中火にかける。鍋をゆすりながら加熱し、全体が薄茶色になったら火を止める。余熱でようすを見て、カラメル色になったら、熱湯を加える（はねるので注意）。鍋をゆすって濃度を均一にし、すぐに容器に等分に流す。

2

牛乳を鍋に入れて温め、沸騰直前になったら火を止める。ボールに卵を割りほぐし、砂糖50gを加えて泡立器ですり混ぜる。牛乳を少しずつ加えて混ぜる。生クリーム、バニラオイルを加えてさらに混ぜ、万能こし器でこす。

3

型に流し入れる。表面に泡があったら、スプーンですくいとる。

4

たっぷりの熱湯を用意する。深めの耐熱容器に3を並べ、型の高さの半分まで熱湯をはる（耐熱容器がなければ、オーブン皿に直接容器を並べてオーブンに入れ、オーブン皿に熱湯をはっても。やけどに注意）。170℃のオーブンで20〜25分蒸し焼きにする。竹串を刺して何もついてこなければ蒸しあがり*。さめたら冷蔵庫で冷やす。

※蒸したては、ごくやわらかい状態ですが、冷やすとしっかりしてきます。

Betterhome
Sweets Cafe
13
hinyari sweets

Rich taste...

Pumpkin pudding
かぼちゃプリン

プリン生地に砂糖は入れず、
かぼちゃ本来の甘味とカラメルだけでおいしく食べられます。

材料 ［18×8×6cmのパウンド型1個分］

かぼちゃ＊
　（種と皮を除いた状態で）…150g
A ［ 卵…1個
　　 卵黄…1個分 ］
牛乳…130ml

＊甘味が少ないかぼちゃなら、2でミキサーにかけるときに砂糖を20〜30g加えます。

B ［ 生クリーム…100ml
　　 バニラエッセンス…少々
　　 ラム酒（あれば）…小さじ2 ］

〈カラメルソース〉
砂糖…70g
水…大さじ1½
熱湯…大さじ1½

準備 カラメルがもれ出さないように、パウンド型をアルミホイルで覆う。このとき、ホイルをやぶらないように注意する。

1. 〈カラメルソース〉分量の熱湯とパウンド型を近くに用意しておく。小鍋に砂糖と分量の水を入れ、中火にかける。鍋をゆすりながら加熱し、全体が薄茶色になったら火を止める。余熱でようすを見て、カラメル色になったら、熱湯を加える（はねるので注意）。鍋をゆすって濃度を均一にし、すぐに型に流す。

2. 種と皮を除いたかぼちゃは1.5cm角に切る。耐熱皿に並べてラップをし、電子レンジで約5分（500W）、竹串がスッと通るまで加熱する。あら熱をとる。オーブンを160℃（ガスオーブン150℃）に予熱する。ミキサーかクッキングカッターに、かぼちゃ、A、牛乳を入れ、なめらかにする（または、かぼちゃを万能こし器で裏ごししてから、Aと牛乳を加えて混ぜる）。

3. 2をボールに移し、Bを加えて混ぜる。万能こし器でこし、型に流し入れる。表面に泡があったら、スプーンですくいとる。

4. たっぷりの熱湯を用意する。深めの耐熱容器に型をのせ、型の高さの半分まで熱湯をはる（耐熱容器がなければ、オーブン皿に直接型をのせてオーブンに入れ、オーブン皿に熱湯をはっても。やけどに注意）。160℃のオーブンで45〜50分蒸し焼きにする。竹串を刺して何もついてこなければ蒸しあがり。さめたら冷蔵庫で冷やす。型の周囲に包丁を入れ、上から皿をかぶせてひっくり返す。好みの大きさに切って食べる。

Betterhome Sweets Cafe
14
hinyari sweets

Tea flavor

Tea pudding
紅茶プリン

紅茶と生クリームを使って、
なめらかでやさしい味わいに。
ココット型で作って、すくって食べます。

材料 ［容量約100mlの耐熱容器5個分］

卵…2個
砂糖…60g
［ 紅茶の葉*…大さじ1 1/2
　熱湯…大さじ2 ］

牛乳…220ml
生クリーム…100ml

＊紅茶の種類は、アールグレーやダージリンが、香りがよく、おすすめです。

準備 オーブンは、160℃（ガスオーブン150℃）に予熱する。

1 鍋に紅茶の葉と分量の熱湯を入れ、ふたをして約3分おいてむらす。牛乳を加えて火にかけ、沸騰したら弱火にし、1〜2分紅茶を煮出す。茶こしでこし、あら熱をとる。

2 ボールに卵を割りほぐし、砂糖を加えて、泡立器ですり混ぜる。1を少しずつ加えて混ぜる。生クリームを加えて混ぜる。

3 2を万能こし器でこす。型に流し入れ、表面に泡があったら、スプーンですくいとる。

4 たっぷりの熱湯を用意する。深めの耐熱容器に型を並べ、型の高さの半分まで熱湯をはる（耐熱容器がなければ、オーブン皿に直接容器を並べてオーブンに入れ、オーブン皿に直接熱湯をはっても。やけどに注意）。160℃のオーブンで約25分蒸し焼きにする。竹串を刺して何もついてこなければ蒸しあがり＊。さめたら冷蔵庫で冷やす。

＊蒸したては、ごくやわらかい状態ですが、冷やすとしっかりしてきます。

Cookies'n' cream ice cream & Mango ice cream

ココアクッキーのアイス
マンゴーのアイス

よーく冷やしたアイスは
暑い日に欠かせないおやつ。
おうちで作れば、体にもやさしく、
好きな味を、好きな量だけ食べられます。
ココアクッキーを混ぜこんだアイスは、みんなが大好きな味。
もうひとつは、マンゴーとクリームチーズで
トロピカルな味わいです。

材料

【ココアクッキーのアイス・写真左】
[5〜6人分]

A ［ 生クリーム*…200㎖
　　 砂糖…20g
　　 バニラエッセンス…少々

［ 卵白…2個分
　 砂糖…20g

［ 卵黄…2個分
　 砂糖…20g

ココアクッキー（市販）**…9枚

＊生クリームは乳脂肪40％前後で無添加のも
のを選ぶとおいしく作れます。
＊＊ココアクッキーはクリームがサンドしてあ
るものなど、好みのものを。

材料

【マンゴーのアイス・写真右】
[5〜6人分]

B ［ 生クリーム*…200㎖
　　 クリームチーズ…90g
　　 砂糖…30g

［ 卵黄…1個分
　 砂糖…20g
　 レモン汁…大さじ1

冷凍カットマンゴー***…200g

＊生クリームは乳脂肪40％前後で無添加の
ものを選ぶとおいしく作れます。
＊＊＊生のマンゴー（皮と種を除いて2㎝角に
切る）を使っても。

※どちらも生の卵を使い、加熱していないので、2〜3日以内に食べきります。

44　HINYARI SWEETS BOOK

ココアクッキーのアイスの作り方

Cookies'n' cream ice cream
ココアクッキーのアイス

準備 ココアクッキー9枚はポリ袋に入れ、手で大きめにくだく。

A〈生クリーム200㎖、砂糖20g、バニラエッセンス少々〉をボールに入れ、ボールの底を氷水にあてながら、ハンドミキサーで六〜七分立て（羽根を持ち上げるとクリームのあとが残るくらい）に泡立てる。

ハンドミキサーの羽根を洗って、水気をしっかりふく。卵白2個分を別のボールに入れ、砂糖20gを2〜3回に分けて加えながら、ツノがピンと立つまで泡立てる（メレンゲ）。

P このボールで冷やし固めます。ステンレスなど金属製のものだと、早く固まります。

さらに別のボールに卵黄2個分と砂糖20gを入れ、もったりするまでハンドミキサーで泡立てる（2のあと羽根は洗わなくてもよい）。

2のメレンゲに、3を加え、均一になるまで泡立て器で混ぜる。さらに、1を2回に分けて加え、混ぜる。くだいたココアクッキーを加えて、ざっと混ぜる。

ラップをして冷凍庫に入れ、1〜2時間冷やし固める。途中まで固まったら全体をスプーンで混ぜ、再び1〜2時間冷やし固める。これをもう1回くり返す（計4〜6時間がめやす）。

P 固める途中で混ぜることで、なめらかな食感になります。

Mango ice cream
マンゴーのアイス

> 準備

クリームチーズ90gは室温でやわらかくもどす。

B〈生クリーム200㎖、クリームチーズ90g、砂糖30g〉をボールに入れ、ボールの底を氷水にあてながら、ハンドミキサーでなめらかになるまでよく混ぜる。

大きめのボールに卵黄1個分と砂糖20gを入れ、泡立器でもったりするまで混ぜる。レモン汁大さじ1を加えて混ぜる。

2に1を2回に分けて加え、泡立器で混ぜる。

3にマンゴー200gを加え、ゴムべらで混ぜる。

ラップをして冷凍庫に入れ、1〜2時間冷やし固める。途中まで固まったら全体をスプーンで混ぜ、再び1〜2時間冷やし固める。これをもう1回くり返す（計4〜6時間がめやす）。

> P 固める途中で混ぜることで、なめらかな食感になります。

Milk rich ice cream
ミルクアイス

コンデンスミルクたっぷりの濃厚なアイスクリームです。
材料はたった3つ。かんたん！

Nostalgic

材料 ［4人分］

卵黄…2個分
コンデンスミルク…100g
牛乳…300㎖

1. ボールに卵黄を入れ、ほぐす。コンデンスミルクを加え、泡立て器でよく混ぜる。牛乳を加えてさらに混ぜ、厚手の鍋に移す。

2. 鍋を弱火にかけ、木べらで鍋底をたえず混ぜながら、とろみがつくまで（木べらにとり、指でなぞったときに、あとがつくくらい）、約10分煮る。

3. 鍋底を氷水にあて、混ぜながらさます（急ぐときはボールに移すと早くさめる）。

4. 3を容器（ステンレスなど金属製のものだと早く固まる）に入れる。ラップをして冷凍庫に入れ、1～2時間冷やし固める。途中まで固まったら全体をスプーンで混ぜ、再び1～2時間冷やし固める。これをもう1回くり返す（計4～6時間がめやす）。

P 固める途中で混ぜることで、なめらかな食感になります。

Grapefruit sherbet
グレープフルーツシャーベット

大きめの果肉を加えるから、
グレープフルーツのみずみずしさがはじけます。
果実をそのまま食べているかのようなフレッシュさ！

[材料] ［4〜5人分］

グレープフルーツ…2個
砂糖…40g
粉ゼラチン（ふやかし不要タイプ）…2.5g

1 グレープフルーツ½個にナイフを入れて、果肉を切り離す。スプーンで果肉をとり出し、種は除く（とり出しにくい場合は、手で皮・薄皮・種を除いてもよい）。残りの1½個はしぼって果汁をとり、こす。

2 ホーローやステンレス製の鍋に1の果汁と水（材料外）を合わせて400mlにし、砂糖を加えて、中火にかける。混ぜながら砂糖を溶かし、沸騰直前になったら火からおろす。ゼラチンをふり入れて、完全に溶かす。

3 ボールに移し、底を氷水にあてて、混ぜながらさます。1の果肉を加える。

4 容器（ステンレスなど金属製のものだと早く固まる）に流し入れる。ラップをして冷凍庫に入れ、約1時間冷やし固める。途中まで固まったら全体をスプーンかフォークで混ぜ、再び約1時間冷やし固める。これをもう1回くり返す（計3〜4時間がめやす）。

P 固める途中で混ぜることで、なめらかな食感になります。

Gorgonzola dolce ice cream & Basil sherbet
ゴルゴンゾーラのアイスクリーム
バジルのシャーベット

ゴルゴンゾーラチーズとバジル。
どちらもスイーツとは無縁そうな、
個性的な素材を使いました。

ゴルゴンゾーラのアイスクリームは、ひとさじ口に入れると
舌の上でふんわりやさしく溶ける、極上の味わい。
リッチなチーズの風味を、はちみつの甘さがやさしく包みます。
見た目にも涼しげなバジルのシャーベットは、
レモンの風味を加えて、さわやかに。
なめらかな舌ざわりで、さらりと食べられます。

さぁ、大人のスイーツタイムの始まりです。

材料

【ゴルゴンゾーラのアイスクリーム・写真左】
［**4人分**］

- 卵黄…1個分
- 砂糖…30g
- 牛乳…100㎖
- ゴルゴンゾーラチーズ（ドルチェ*）
  …30g
- はちみつ…大さじ1
- 生クリーム…100㎖

*ゴルゴンゾーラチーズは、辛口タイプ（ピカンテ）だと塩気が強すぎるため、ここではまろやかなドルチェタイプを使用。塩味が控えめで、ほのかな甘味が特徴です。

材料

【バジルのシャーベット・写真右】
［**4人分**］

- バジル…10g
- 粉ゼラチン（ふやかし不要タイプ）
  …1.5g
- A
  - 砂糖…80g
  - 水…350㎖
- レモン汁…大さじ1

hinyari sweets No.18 | Gorgonzola dolce ice cream & Basil sherbet

ゴルゴンゾーラのアイスクリームの作り方

Gorgonzola dolce ice cream
ゴルゴンゾーラのアイスクリーム

準備 ゴルゴンゾーラチーズ30gは1cm角に切る。

1. ボールに卵黄1個分と砂糖30gを入れる。砂糖のざらつきがなくなって白っぽくなるまで、泡立器でよくすり混ぜる。

2. 鍋に牛乳100mlを入れて弱火で温め、沸騰直前になったら火を止める。半量を1に少しずつ加えながら、泡立器で混ぜる。

P 牛乳の熱で卵が固まらないよう、手早く作業しましょう。

3. ボールの中身を牛乳の鍋に戻し入れ、チーズ30gとはちみつ大さじ1を加えて、再び弱火にかける。木べらで混ぜながら温め、チーズが溶けたら火を止める。

4. 鍋底を水にあてて、混ぜながらさます。

P 急激に冷やすとチーズが分離するため、氷水ではなく水でゆっくりと冷やします。

5. 別のボールに生クリーム100mlを入れる。ボールの底を氷水にあて、六〜七分立て（羽根を持ち上げるとクリームのあとが残るくらい）に泡立てる。

6. 4を5に少しずつ加えて混ぜる。ラップをして冷凍庫に入れ、1〜2時間冷やし固める。途中まで固まったら全体をスプーンで混ぜ、再び1〜2時間冷やし固める。これをもう1回くり返す（計4〜6時間がめやす）。

P 固める途中で混ぜることで、なめらかな食感になります。

Basil sherbet
バジルのシャーベット

1. バジル10gは葉をつみ、飾り用に少しとりおく。

2. 鍋にA〈砂糖80g、水350㎖〉を入れて中火にかける。混ぜながら砂糖を溶かし、沸騰直前になったら火からおろす。粉ゼラチン1.5gをふり入れて、完全に溶かす。さます。

3. バジルの葉、2、レモン汁大さじ1をミキサーにかけ、なめらかにする。

4. 容器（ステンレスなど金属製のものだと早く固まる）に流し入れる。ラップをして冷凍庫に入れ、約1時間冷やし固める。途中まで固まったら全体をフォークで混ぜ、再び約1時間冷やし固める。これをもう1回くり返す（計3〜4時間がめやす）。

P 固める途中で混ぜることで、なめらかな食感になります。

3でミキサーを使う代わりに、バジルの葉を包丁で細かくきざんでもよい。2、レモン汁と混ぜ合わせ、4のとおりに冷やし固めます（左の写真のように、淡い色合いにできあがります）。

Blueberry yogurt gelato
ブルーベリーとヨーグルトのジェラート

ブルーベリーの香りはヨーグルトの酸味と好相性です。

Sweet&tart

 材料　[4〜5人分]

生クリーム…100㎖
砂糖…30g
プレーンヨーグルト…200g
ブルーベリージャム*…50g

＊いちごジャム、マーマレードなど、好みのジャムで代用しても。

1 ボールに生クリームと砂糖を入れ、六〜七分立て（泡立て器を持ち上げるとクリームのあとが残るくらい）に泡立てる。ヨーグルトを加えて混ぜる。

2 1にジャムを加え、ゴムべらで混ぜる。容器に流し入れて、ラップをする。

3 冷凍庫に入れ、1〜2時間冷やし固める。途中まで固まったら全体をスプーンで混ぜ、再び冷凍庫で1〜2時間冷やし固める。これをもう1回くり返す（計4〜6時間がめやす）。

ひんやり和風スイーツ

japanese-style sweets

Classic summer treat

Anmitsu
あんみつ

夏の季語でもあるあんみつ。
明治期に、浅草の老舗和菓子店で
作られ始めたといわれます。

かんてんだ、求肥(ぎゅうひ)だ、あんこだと、
お目当ては人それぞれでしょうが、
あん以外のものはかんたんに手作りできます。
海藻や畑のものと水だけで作るから、味わいはさっぱり。

日本の夏にぴったりの"甘味(かんみ)"を、
お茶(p.88)と一緒にめしあがれ。

 材料です

[2～3人分]

〈かんてん・2～3人分〉
粉かんてん…小さじ1（2g）
水*…250㎖

〈あんずのシロップ煮・6個分〉
干しあんず…6個（60g）
砂糖…15g
水*…30㎖

〈求肥・3～4人分〉
白玉粉…50g
水*…80㎖
砂糖…35g
（打ち粉用）かたくり粉
　…大さじ2～3

〈黒みつ・2～3人分〉
水*…25㎖
黒砂糖（粉末タイプ）…30g
砂糖…20g

〈ほかの具〉
ゆであずき…適量
すいか…適量

*水は軟水のミネラルウォーターを使うと雑味がなくおいしい。

※それぞれの日もちは、かんてんは冷蔵庫で翌日、求肥は涼しいところで翌日（または冷凍で約1週間）、干しあんず、黒みつは冷蔵で1週間くらい。

あんみつの作り方

🐻 かんてんを作る

鍋に水250mlを入れ、粉かんてん小さじ1をふり入れる。混ぜながら中火にかける。鍋の中心までしっかり煮立ったら弱火にし、混ぜながら1〜2分加熱して、かんてんをよく煮溶かす。

> 🅟 かんてんはしっかり煮溶かすのが、固まったときにコシを出すポイントです。

四角い容器に、1を茶こしでこしながら入れる。かんてんは室温でも固まるが、さらに、冷蔵庫で冷やしておく。

🐻 あんずのシロップ煮を作る

干しあんず6個は水でさっと洗い、耐熱容器に入れ、砂糖15g、水30mlを加える。ラップをして電子レンジで約2分（500W）加熱する。シロップにつけたまま、時々上下を返しながら、さます。

🐻 求肥を作る

茶こしにかたくり粉大さじ2〜3を入れ、半量をトレーにふっておく。

耐熱容器に白玉粉50gを入れ、水80mlのうちから少量を加え、粉を指でよくつぶしてダマがないようにする。残りの水を少しずつ加えながらなめらかに溶かす。砂糖35gを加え、泡立器で混ぜる。

2を電子レンジで約1分30秒（500W）加熱する（ラップなし）。1度とり出し、ゴムべらでよく混ぜる。再び、約1分30秒加熱する。

> 🅟 本来は鍋で作りますが、レンジは手軽でこがしにくい。ただし、加熱ムラができないよう、途中で全体を混ぜるのがコツです。

レンジからとり出す(全体が半透明になっている)。すぐにゴムべらで混ぜ、**1**のトレーにあける。

表面に残りのかたくり粉をふる。ラップをのせ、手で押さえながら1.5cm厚さにする。ラップをはずし、さます。

🅿 求肥が熱いうちに、形を整えます。やけどに注意。

🐻 黒みつを作る

小鍋に水25ml、黒砂糖30gと砂糖20gを順に入れ、ゴムべらで黒砂糖の粒をよくつぶして溶かす。

🅿 黒砂糖の粒は、火にかける前につぶすのがコツ。

中火にかけ、鍋をゆすりながら、鍋の中央が泡立つまで沸騰させ、火を止める。茶こしでこして、さます。さめるととろみが増す。

🐻 盛りつける

できあがった材料をそろえる。求肥は、2cm角ほどの食べやすい大きさに切る。

かんてんは、水でぬらしたまな板にあける(指でかんてんの縁を押して器からはずして返す)。1cm角に切る。

器にかんてん、求肥、あんずのシロップ煮、ゆであずき・すいか各適量を盛りつけ、黒みつをかけて食べる。

hiiyari sweets No.20 | Anmitsu

61

Betterhome Sweets Cafe
21 hinyari sweets

Coffee mizu-yokan
コーヒー水ようかん

意外な組み合わせですが、
ほんのり香るコーヒーのにが味が
甘いあんこの風味と絶妙に合います。

Bittersweet

材料 ［容量約80mlの器4個分］

- 粉かんてん…小さじ½（1g）
- 水…150ml
- 砂糖…大さじ2
- インスタントコーヒー…大さじ1
- こしあん…150g
- コーヒー用クリーム*…4個（20ml）

＊生クリーム20mlにすると、よりおいしい。

1 鍋に分量の水を入れ、粉かんてんをふり入れる。中火にかけ、混ぜながら溶かす。鍋の中心までしっかり煮立ったら弱火で約2分加熱して、かんてんをよく煮溶かす。

2 砂糖とインスタントコーヒーを加えて煮溶かす。火を止める。

3 2にこしあんを加えてムラなく混ぜる。再び中火にかけ、煮立ったら火を止める。

4 鍋の底を氷水にあて、木べらなどで底をこするようにして、ゆっくり混ぜながらあら熱をとる。とろみがついてきたら＊、器に流し入れる。冷蔵庫で冷やし固める（約1時間）。クリームをかける。

＊とろみがつき始めると、あっという間に固まってくるので注意します。容器に流す間にもどんどんかたくなるので、手早く行いましょう。

Betterhome Sweets Cafe
22
hinyari sweets

Caramel flavored thin agar cubes
ゆるゆるカラメルかんてん

香ばしいカラメル風味のかんてんは、
あえてゆるめに仕上げました。
口の中ですっととろけます。

Cool dessert

材料

[4人分]

粉かんてん…小さじ¼（0.5g）
水…180㎖
グラニュー糖*…大さじ2

〈カラメルソース〉
水…大さじ2
グラニュー糖*…50g
熱湯…70㎖
コーヒー用クリーム**…4個（20㎖）

*砂糖で代用できますが、やや透明感が損なわれます。
**生クリーム20㎖にすると、よりおいしい。

1 分量の熱湯を近くに用意しておく。小鍋にグラニュー糖50gと水大さじ2を入れ、中火にかける。まわりが茶色くなってきたら（写真左）、鍋を軽くゆすり、全体が薄茶色になったら（写真右）火を止める。

2 1にすぐに熱湯を少しずつ加えて（はねるので注意）、ゆするように混ぜる。弱火にかけ、ムラがなくなったら火を止める。

3 別の鍋に水180㎖を入れ、かんてんをふり入れる。中火にかけ、混ぜながら溶かす。鍋の中心までしっかり煮立ったら弱火にし、混ぜながら1〜2分加熱して、かんてんをよく煮溶かす。グラニュー糖大さじ2を加えて溶かし、火を止める。

4 カラメルソースを3の鍋に加えて混ぜ、容器に流し入れる。あら熱がとれたら、冷蔵庫で冷やし固める（1〜2時間）。

5 4をスプーンですくって器に盛り、クリームをかけて食べる。

Imo-yokan
いもようかん

さつまいもの甘くほっくりとした味わいは、
秋から冬にかけての醍醐味。
しっとりした食感は、手作りならではです。

材料

[容量約600mlの流し箱1個分]

さつまいも…700g（正味450g）　｜　粉かんてん…小さじ2½（5g）
水…200ml　｜　砂糖…150g

準備

さつまいもは2cm厚さの輪切りにし、皮を厚めにむく。水につけ、途中2～3回水をとりかえながら、約15分おく。水気をきる。

1　鍋にさつまいもと、いもがひたるくらいの水を入れ、ふたをして強火にかける。沸騰したら火を弱め、竹串がすっと通るくらいまでゆでる。ざるにとり、水気をきる。さつまいもをボールに入れ、熱いうちにフォークで粗くつぶす。

> P 粗くつぶして、さつまいもの食感を少し残すと素朴な味わいに。

2　鍋に分量の水を入れ、粉かんてんをふり入れる。中火にかけ、混ぜながら溶かす。鍋の中心までしっかり煮立ったら、弱火にし、混ぜながら約2分加熱して、かんてんをよく煮溶かす。砂糖を加えて溶かし、火を止める。

3　2に1を加え、よく混ぜる。均一に混ざったら、再び弱めの中火にかける。木べらでゆっくり混ぜながら、底をかいたときに鍋底が一瞬見えるようになるまで、約2分煮る（はねるので注意）。

4　流し箱に流し入れる。流し箱の底を氷水につけ、さまして固める。冷蔵庫に入れ、中までしっかり冷やす。

> P かんてんは常温でも固まりますが、氷水で冷やすと早く固まります。また、冷蔵庫でよく冷やしておくと切りやすくなります。

5　流し箱からとり出し、好みの大きさに切り分ける。

Betterhome Sweets Cafe 24 hinyari sweets

Ichigo mizu-manju
いちごの
水まんじゅう

いちごと和のテイストを
ミックスした絶品スイーツ。
電子レンジで作れるので、
失敗する心配はありません。

Sweet & tart

材料

[4個分]

わらび粉*…20g
水…100mℓ
砂糖…40g
白あん（またはこしあん）…100g
いちご…4個
きな粉…適量

＊わらび粉（写真上）とは…
わらびの根茎に含まれるでんぷんから作られる本わらび粉（一般的にはあまり出回っていない）を含んだわらび粉。製菓材料店で入手できる。見た目はゴツゴツとしており、本わらび粉と比べて値段が安い。また、「わらびもち粉」（写真下）というよく似た商品があり、これで代用することもできる。さらさらとした粉で、わらび粉よりも使いやすいが、ねばりが多少ゆるくなる。

準備

- いちごは、へたをとる。
- あんはペーパータオルで包んで水気をとり、4等分して、丸める。
- バットに、茶こしできな粉をふるっておく。

1

あんを直径5cmの円形にのばし、いちごを包む。冷蔵庫で冷やしておく。耐熱容器にわらび粉を入れ、分量の水を少しずつ加え、指でつぶしながらときのばす。砂糖を加え、さらに混ぜる。

2

ラップをふんわりかけ、電子レンジで約2分（500W）加熱する。ゴムべらでよく混ぜる。再びラップをして、電子レンジで約1分加熱する。ゴムべらで再び混ぜる。透明感が出て、ねばりのある状態になるまでさらに1〜2回、30秒ずつ加熱する。

3

生地が熱いうちにきな粉をふるったバットにあける。上から茶こしできな粉をふるう。ゴムべらと手で生地を4等分する（やけどに注意）。

4

生地を直径5cmの円形にのばし、表面のきな粉をはけではらう。はらった面を1のいちごとあんの上にかぶせる。口をしっかりつまんでとじて、とじ口を下にして置く。上からきな粉をふるう。

P 表面にきな粉が残っていると、うまくとじられないので、ていねいにはらいます。

※わらび粉を使ったお菓子は時間がたつとかたくなるので、なるべく作りたてを食べましょう。

Warabimochi fondue
わらびもちのフォンデュ

プルプルのわらびもちを、こってりしたきな粉クリームソースで。
チーズフォンデュのような食べ方が新鮮。

Delicious sauce

> 材料

[4人分]

わらび粉（p.69参照）
　…50g
水…250㎖
砂糖…30g
ゆであずき…120g

〈きな粉クリーム〉
A［生クリーム…80㎖
　　砂糖…小さじ2］
きな粉…大さじ1½
抹茶…小さじ¼

1　ボールにわらび粉を入れ、水250㎖を少しずつ加えて、泡立器でときのばす。砂糖30gを加え、さらに混ぜる。

2　鍋に1を万能こし器でこし入れ、強火にかける。木べらで混ぜながら加熱し、底のほうが固まってきたら弱火にする。透明感が出て、全体がひとかたまりになるまで、手早く練る。

3　容器をさっと水でぬらし、2を入れ、表面を平らにする。ラップをして、さます。

4　ボールにAを合わせ、六〜七分立てに泡立てる。きな粉を加えてさらに混ぜる（きな粉クリーム）。わらびもちを食べやすい大きさに切り分ける。器に盛り、ゆであずきを添える。きな粉クリームは小さめの器に盛り、抹茶を茶こしでふる。わらびもちに、あずきときな粉クリームをからめながら食べる。

Soy milk pudding & Adzuki bean milk jelly

豆乳プリン
あずきミルクゼリー

豆乳プリンは、
豆乳のくせが、まったくありません。
ミルクプリンのような味わいにびっくりするはず。

あずきミルクゼリーは、
見た目は凝っていますが、
作り方はとってもかんたん。
固まる途中で、自然に2層になります。

〈材料〉

【豆乳プリン・写真手前】
[容量約100mlの器4個分]

豆乳*…150ml
砂糖…40g
［ 粉ゼラチン（ふやかし不要タイプ）
　　…2.5g
　水…大さじ2
生クリーム…100ml

〈あずきソース〉
ゆであずき…100g
水…50ml

＊豆乳は、調整、無調整どちらでも作れます。

〈材料〉

【あずきミルクゼリー・写真奥】
[容量約150mlの器4個分]

ゆであずき…200g
牛乳…400ml
砂糖…30g
［ 粉ゼラチン（ふやかし不要タイプ）
　　…5g
　水…50ml

豆乳プリンの作り方

Soy milk pudding
豆乳プリン

準備

ゼラチン2.5gは水大さじ2にふり入れてふやかす。

1. 鍋に豆乳150mlと砂糖40gを合わせて弱めの中火にかける。混ぜながら砂糖を溶かし、沸騰直前に火を止める。ふやかしたゼラチンを加えて、完全に溶かす。

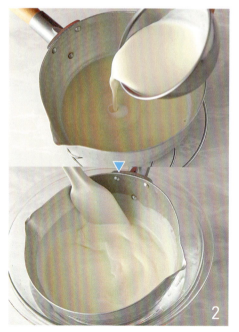

2. 生クリーム100mlを加えて混ぜる。鍋底を氷水にあてて、混ぜながら冷やす。器に等分に流し入れ、冷蔵庫で冷やし固める（約2時間）。

3. 小鍋にゆであずき100gと水50mlを合わせて中火にかけ、混ぜながらひと煮立ちさせる。さまして冷蔵庫で冷やす。

4. 2にあずきソースをかける。

HINYARI SWEETS BOOK

Adzuki bean milk jelly
あずきミルクゼリー

あずきミルクゼリーの作り方

> 準備

ゼラチン5gは水50mlにふり入れてふやかす。

鍋に牛乳400mlと砂糖30gを合わせて弱めの中火にかける。混ぜながら砂糖を溶かし、沸騰直前に火を止める。ふやかしたゼラチンを加えて、完全に溶かす。

1にゆであずき200gを加えて混ぜる。

型に等分に流す（流す間にもあずきが沈殿して中身がかたよるので、そのつどよく混ぜながら型に流す）。冷蔵庫で冷やし固める（約2時間）。

Two colors tofu dumpling
とうふ入り2色だんご

小さい子どもから大人まで、
みんな大好きなおだんご。
専用のだんご粉などもありますが、
手に入りやすい白玉粉で、おいしく作れます。
水のかわりにとうふでこねるとかたくなりにくく、
なめらかでもっちりとした食感になります。

定番の甘からいみたらしあんに加えて、
枝豆で作るずんだあんは、夏向きのさっぱりとした甘さ。
秋冬なら、あずきあんにしてもよさそうです。

（材料です）

[ずんだあん・みたらしあん 各4本分]

〈だんご〉
白玉粉…60g
とうふ（絹）…80g
つまようじ…8本

〈ずんだあん*〉
枝豆（さやつき）…150g（正味80g）
A ┌ 砂糖…大さじ2
　│ 塩…少々
　└ 牛乳…小さじ2

〈みたらしあん〉
砂糖…大さじ2
水…大さじ2
かたくり粉…小さじ1
しょうゆ…小さじ2
みりん…小さじ1

*ずんだあんは、多めにできます。ラップで包み、保存袋に入れて冷凍できます（約2週間）。冷蔵庫で自然解凍。

とうふ入り2色だんごの作り方

🐻 ずんだあんを作る

枝豆（さやつき）150gは鍋にたっぷりの湯を沸かし、7～8分やわらかめにゆでる。ざるにとり、あら熱をとる。さやから豆をとり出し、薄皮を除く。正味80gを使う。

> 🅟 なめらかなあんにするために、ひと手間ですが、薄皮はひと粒ずつとり除きましょう。

クッキングカッターに**1**と**A**〈砂糖大さじ2、塩少々、牛乳小さじ2〉を入れて、ペースト状になるまでかける。粒が少し残ってもよい。

> 🅟 あんがカッターの刃の下に入りこみやすいので、時々スイッチを止め、ゴムべらでかき集めます。クッキングカッターがなければ、すり鉢ですりつぶします。枝豆だけをすりつぶし、なめらかになったら、Aを加えてさらにすりつぶします。

🐻 みたらしあんを作る

小鍋にあんの材料〈砂糖・水各大さじ2、かたくり粉小さじ1、しょうゆ小さじ2、みりん小さじ1〉を合わせ、よく混ぜる。中火にかけ、混ぜながらとろみをつける。木べらで混ぜたときに、鍋底が見えるくらいがめやす。器に移す。

> 🅟 さめるとかたくなるので、加熱しすぎないように。

🐻 だんごを作る

ボールに白玉粉60gを入れ、とうふ（絹）80gを加える。指先で白玉粉のかたまりをつぶしながら、ダマがなくなるまで、しっかり混ぜる。

> 🅟 ダマが残りやすいので、時々指で確かめながら、白玉粉をしっかりつぶします。写真のように生地がなめらかになったら（耳たぶくらいのやわらかさ）、ひとまとめにします。

生地を2等分にし、棒状にする。

包丁で1本を8等分にする。

1個ずつ手で丸める。

鍋にたっぷりの湯を沸かす。中火にして4を入れる。上に浮いてから2分ほどゆでる。水にとって、水気をきる。

つまようじにだんごを2個ずつ刺す。8本作る。

だんごがくっつかないように、トレーにクッキングシートを敷き、だんご4本を並べる。みたらしあんをかける。残りのだんごは、ずんだあんをのせる。

P だんごを皿などに盛るときは、だんごがくっつきやすいので、盛りつける前に皿を水でぬらし、水気が少し残る程度に、さっとふきとります。

※時間をおくとかたくなるので、当日中に食べきりましょう。

Betterhome Sweets Cafe
28
hinyari sweets

Matcha shiratama
抹茶白玉

ぷりぷりの白玉に、
とろりとした抹茶あんをかけて。
これ以上ない組み合わせ。

Good combination

材料 ［3～4人分］

くず粉…5g
水…150㎖
砂糖…20g

抹茶…小さじ½
湯…小さじ2

白玉粉…40g
水…40㎖

甘なっとう（あずき）…40g

ボールにくず粉を入れ、水150㎖を少しずつ加えて、ときのばす。鍋に茶こしでこし入れ、砂糖を加えてよく混ぜる。

中火にかけ、木べらなどで混ぜながら煮立てる。とろみがついたら、あら熱をとる。

抹茶を湯小さじ2でとき、2を少し加えてなじませる。2の鍋に戻し入れ、よく混ぜる。ボールに移し、冷蔵庫で冷やす。

別のボールに白玉粉を入れ、水40㎖を少しずつ加えて、指先でつぶしながら混ぜ、耳たぶくらいのやわらかさにする。12等分して丸め、真ん中を少しくぼませる。

鍋にたっぷりの湯を沸かし、中火にして4を入れる。上に浮いてから2分ほどゆでる。水にとって水気をきる。器に盛り、3をそそいで、甘なっとうを散らす。

Betterhome Sweets Cafe
29
hinyari sweets

Apricot daifuku
あんず大福

できたてを味わえるのは、手作りならでは。
甘ずっぱいあんずは、あんこと思いのほか合います。

Beautiful color

材料 ［4個分］

切りもち…2個（100g）　　こしあん…40g
砂糖…20g　　　　　　　　かたくり粉…適量
あんず（缶詰）*…半割りのもの8切れ

＊あんずの代わりに、小さめのいちご4個（縦半分に切る）でも作れます。

1 あんずは汁気をふく。こしあんは4等分し、軽く丸め、あんず2切れではさむ。トレーに、茶こしでかたくり粉をふる（トレーの表面を粉がおおうように）。

2 フライパン（フッ素樹脂加工）にもちを入れ、かぶるくらいの熱湯（材料外）を加える。中火で4〜5分ゆで、もちがやわらかくなったら、湯を捨てる。

3 2のフライパンの中で、中火にかけながら、木べらで力を入れてもちを練る。砂糖を加えてやわらかくなるまで練る。

4 トレーの粉の上に3をあける。ケーキカードなどで下の粉ごともちをすくい、半分に折る（もちの内側に粉が入らないようにする。やけどに注意）。4等分に切り分ける。

5 もちの表面の粉をはけではらう。はらった面を1の上にかぶせて包みこみ、口をしっかりつまんでとじて、とじ口を下にする。

※時間がたつと水気が出るので、なるべく作りたてを食べましょう。

Yuzu sherbet

ゆずシャーベット

和食のデザートにおすすめ。
ゆずの上品な香りで口の中がさっぱりします

［材料］ ［4人分］

ゆず…1個（約120g）
水…300㎖
砂糖…60g
粉ゼラチン（ふやかし不要タイプ）…2.5g

1 ゆずはよく洗う。飾り用の皮少々をそぎとり、せん切りにする。残りの皮は表面だけをすりおろす（白い部分はにがくなるのでおろさない）。横半分に切って汁をしぼり、こす（約大さじ1とれる）。

2 鍋に水300㎖、砂糖を入れ、中火にかける。混ぜながら砂糖を溶かし、沸騰直前に火からおろす。ゼラチンをふり入れて、完全に溶かす。

3 ボールに移して、すりおろしたゆずの皮、果汁を加えて混ぜる。底を氷水にあてて、混ぜながらさます。

4 容器（ステンレスなど金属製のものだと早く固まる）に流し入れ、冷凍庫で約1時間冷やし固める。途中まで固まったら全体をフォークで混ぜ、再び約1時間冷やし固める。これをもう1回くり返す（計3〜4時間がめやす）。器に盛り、飾り用のゆずの皮をのせる。

P 固める途中で混ぜることで、なめらかな食感になります。

Water jelly
水のゼリー

砂糖と水だけの、シンプルなゼリー。
黒みつの風味が味を引きしめます。

材料 [4人分]

水*…300㎖
砂糖…20g
粉ゼラチン（ふやかし不要タイプ）…5g
黒みつ**（市販）…適量

＊水は軟水のミネラルウォーターを使うと雑味がなくおいしい。
＊＊p.59の黒みつの材料とp.61の作り方を参照して、手作りしても。

1. 鍋に分量の水と砂糖を合わせて中火にかける。混ぜながら砂糖を溶かし、沸騰したら火からおろす。ゼラチンをふり入れて溶かし、ボールに移してあら熱をとる。

2. 冷蔵庫で冷やし固める（約2時間）。スプーンですくって器に盛り、黒みつをかけて食べる。

ひんやりスイーツに合わせたいドリンク

various beverages

おいしいスイーツで過ごすティータイムは幸せ。
そんなときにおすすめのドリンクレシピを紹介します。

夏にはキリッと冷たいアイスティー、
冬にはほっこりカフェオレなど、
季節や気分に応じて、組み合わせを考えるのも楽しいもの。

いつもよりちょっと時間をかけてテーブルセッティングを整えれば、
おうちがカフェに早変わり！

Green tea
煎茶

[1人分]

1. きゅうすと茶碗（容量80㎖程度）に沸騰した湯を入れて温め、きゅうすの湯を捨てる。
2. きゅうすに煎茶の茶葉（ティースプーン1杯・約3g）を入れる。
3. 茶碗の湯をきゅうすに移す（このとき茶葉に最適な70～80℃になる。玉露の場合は50℃がめやす）。約1分おく。
4. 茶碗につぐ。最後の1滴までそそぐ。

Have a break

Cold-brewed green tea
水出し緑茶

[4人分]

1. サーバーなどの容器に煎茶の茶葉（ティースプーン2杯・5～6g）を入れ、水500㎖をそそぐ。
2. 冷蔵庫に入れ、3時間以上おく（もっと時間をおいてもよい。色は次第に濃くなってくるが、しぶくなることはない）。濃さが均一になるように軽く混ぜる。茶こしでこしながら、グラスにそそぐ。

Herb green tea
ハーブ緑茶

[1人分]

1. きゅうすと茶碗（容量80㎖程度）に沸騰した湯を入れて温め、きゅうすの湯を捨てる。
2. きゅうすに煎茶の茶葉（ティースプーン1杯・約3g）とハーブ適量（ミント、レモングラスが合う）を入れる。
3. 茶碗の湯をきゅうすに移す。約1分おく。
4. 茶碗にそそぐ（ハーブも入れる）。

※冷やして飲んでもおいしい。

Black tea
紅茶

[1人分]
1. ポットとカップに沸騰した湯を入れて温める。
2. ポットの湯を捨て、紅茶の茶葉（ティースプーン山盛り1杯・約3g）を入れる。
3. ポットに沸騰した湯150mlを一気にそそぎ、ふたをする。そのまま2〜3分むらす。
4. カップの湯を捨てる。茶こしでこしながら、カップにそそぐ。

Royal milk tea
ロイヤルミルクティー

[2人分]
1. 小鍋に水200mlを入れて強火にかける。沸騰したら火を止め、紅茶の茶葉（ティースプーン山盛り2杯・5〜6g）を加え、ふたをして約3分おく。
2. カップは熱湯で温めておく。1の鍋に牛乳100mlを加えて中火にかけ、フツフツと小さな泡が出てきたら、弱火にして約2分煮る。
3. 茶こしでこしながら、カップにそそぐ。

Favorite tea

Honey ginger tea
ハニージンジャーティー

[1人分]
1. 上記の「紅茶」を参照に、紅茶をいれる。
2. しょうがのすりおろし小さじ1/4と、はちみつ小さじ1を加え、よく混ぜる。

Chai
チャイ

[2人分]

1. 小鍋に湯200mlと、シナモンスティック、カルダモン、クローブなど好みのホールスパイス少々を入れて強火にかける。沸騰したら紅茶の茶葉(ティースプーン山盛り2杯・5～6g)を加え、弱火で約2分煮る。
2. カップは熱湯で温めておく。1の鍋に牛乳200mlを加え、再び煮立ったら火を止める。
3. 茶こしでこしながら、カップにそそぐ。砂糖適量を加え、別のシナモンスティック1本で混ぜて飲む。

Cold-brewed tea and dried fruit
ドライフルーツの水出しアイスティー

[2人分]

1. ドライマンゴー、クランベリー、プルーンなど、好みのドライフルーツ計40gを用意し、大きいものは1～2cm大に切る。
2. サーバーなどの容器にドライフルーツと紅茶のティーバッグ2個を入れる。
3. 水400mlを加え、冷蔵庫に半日おく。ドライフルーツ少々も一緒にグラスにそそぐ(サーバーに残ったドライフルーツは、はちみつなどで甘味を補って、ヨーグルトなどにのせて食べるとよい)。

Strawberry tea
いちご紅茶

[2人分]

1. いちご4粒はへたをとり、2～3つに切って、耐熱容器に入れる。砂糖大さじ3をまぶし、5分ほどおく。
2. ラップをし、電子レンジで約1分(500W)加熱する。
3. p.89「紅茶」を参照に紅茶をいれる(材料は倍量にする)。2を加え、よく混ぜる。

Iced tea with frozen grapes
ぶどうのアイスティー

[2人分]

1. ぶどう（巨峰、レッドグローブなど好みのもの）8粒は冷凍庫で凍らせておく。
2. ポットに紅茶の茶葉（ティースプーン山盛り3杯・約9g）を入れる。沸騰した湯200mlを一気にそそぎ、ふたをする。そのまま2～3分むらす。
3. ボールに氷200gを入れる。
4. 3のボールに2を茶こしでこしながら入れて、アイスティーを作る。グラスにぶどうを入れ、アイスティーをそそぐ。好みでガムシロップ適量を加える。

Iced tea with soda water
スパークリングアイスティー

[2人分]

1. ポットに紅茶の茶葉（ティースプーン山盛り3杯・約9g）を入れる。沸騰した湯200mlを一気にそそぎ、ふたをする。そのまま2～3分むらす。
2. ボールに氷200gを入れる。1を茶こしでこしながら入れて、アイスティーを作る。
3. グラスに氷適量、アプリコットジャムを小さじ1ずつ入れる。2をそそいで、よく混ぜる。炭酸水（無糖）を80mlずつそそぎ、軽く混ぜる。

Iced tea with fresh orange
オレンジアイスティー

[2人分]

1. オレンジ½個（100g）は皮をむき、ボールの上で果汁を受けながら果肉をとり出す。グランマルニエ（オレンジ風味のリキュール。コアントロー、オレンジキュラソーでも）小さじ1を加える。グラスにオレンジを果汁ごと等分に入れる。
2. ポットに紅茶の茶葉（ティースプーン山盛り3杯・約9g）を入れる。沸騰した湯200mlを一気にそそぎ、ふたをする。そのまま2～3分むらす。
3. 別のボールに氷200gを入れる。
4. 3のボールに2を茶こしでこしながら入れて、アイスティーを作る。1のグラスに氷を入れて、アイスティーをそそぐ。好みでガムシロップ適量を加える。

Iced coffee
アイスコーヒー

[2人分]

1. サーバーに氷200gを入れ、ドリッパーとコーヒー粉大さじ山盛り4杯(40g)をセットする。
2. 下記「カフェオレ」の**2**を参照して、コーヒーをいれる。
3. グラスに氷適量を入れ、**2**をそそぐ。好みでガムシロップ・生クリーム各適量を加える。

Break

Café au lait
カフェオレ

[2人分]

1. コーヒー粉大さじ山盛り2杯(20g)をドリッパーにセットする。
2. 熱湯(約90℃)200mlのうち少量をコーヒー粉にかけて40秒ほどむらす。粉の中心に小さく「の」の字を書くように、数回に分けて熱湯をそそぐ(最後の抽出液には雑味があるため、ドリッパーに湯を少し残した状態でサーバーからはずす)。
3. カップを熱湯で温め、**2**をそそぐ。小鍋で牛乳180mlを沸騰直前まで温めて、カップにそそぐ。

Coffee ice cubes with milk
氷コーヒー

[2人分]

1. コーヒー粉大さじ山盛り3杯(30g)をドリッパーにセットする。
2. 上記「カフェオレ」の**2**を参照してコーヒーをいれる(市販のアイスコーヒーを使っても)。さめたら製氷器に入れて凍らせる。
3. グラスに**2**を入れ、牛乳150mlをそそぐ。好みでガムシロップ適量を加え、よく混ぜて溶かしながら飲む。

Cappuccino
カプチーノ

[2人分]

1. コーヒー粉大さじ山盛り2杯（20g）をドリッパーにセットする。
2. p.92「カフェオレ」の2を参照してコーヒーをいれる。カップを熱湯で温め、コーヒーをそそぐ。
3. 小さめの耐熱ボールに牛乳150mlを入れ、電子レンジで約45秒（500W）加熱する（ふきこぼれに注意）。泡立器で泡立て、そっと2にそそぐ。ボールに残った泡をスプーンでのせる。シナモンパウダー少々をふる。

Café mocha
カフェモカ

[1人分]

1. 小さめの耐熱容器に牛乳150mlを入れ、電子レンジで約1分40秒（500W）加熱する（ふきこぼれに注意）。
2. カップにインスタントコーヒー・ココア（無糖）各小さじ1を合わせ、1の牛乳少々を入れ、よく混ぜる。残りの牛乳をそそぎ、さらに混ぜる。好みで砂糖適量を加える。

Relax...

Easy espresso
インスタントエスプレッソ

[2人分]

1. ボールに、インスタントコーヒー小さじ2を入れ、熱湯100mlをそそぐ。
2. 泡立器で軽く泡立て（やけどに注意）、表面がふわっと泡立ったら、カップにそそぐ。好みで砂糖適量を加える。

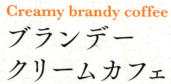

Creamy brandy coffee
ブランデークリームカフェ

［2人分］

1 ボールに生クリーム50mlと砂糖小さじ2を合わせ、とろりとするまで泡立てる。
2 コーヒー粉大さじ山盛り2杯（20g）をドリッパーにセットする。p.92「カフェオレ」の2を参照してコーヒーをいれる。カップを熱湯で温め、コーヒーをそそぐ。
3 2に1のクリームをスプーンで静かにのせる。ブランデーを大さじ1/2ずつ加えて混ぜる。

Hot drink

Milk cocoa
ミルクココア

［1人分］

1 小鍋にココア（無糖）小さじ2（4g）・砂糖小さじ1 1/2を合わせる。湯少々を加えて練る。
2 牛乳150mlを少しずつ加えてときのばし、中火にかける。混ぜながら沸騰直前まで温める。

Caramel milk coffee
キャラメルミルクコーヒー

［1人分］

1 耐熱カップにキャラメル2粒と牛乳50mlを入れる。ラップをし、電子レンジで約1分（500W）加熱する。
2 スプーンなどでキャラメルをつぶすようにして溶かし、牛乳100mlを加える。さらに1分～1分30秒加熱する（ふきこぼれに注意）。
3 インスタントコーヒー小さじ1を熱湯大さじ1で溶かし、2に加えて混ぜる。

Ginger ale
ジンジャーエール

[2人分]

1. しょうが1かけ(10g)はすりおろす。耐熱容器に入れ、はちみつ・水各大さじ1を加えて混ぜ、電子レンジで40〜50秒(500W)加熱する。
2. グラスに氷適量を入れ、1を汁ごと等分に入れる。炭酸水(無糖)を150mlずつそそぎ、レモンの輪切りを1〜2枚ずつ入れる。軽く混ぜて飲む。

Arrowroot gruel with fresh mandarin orange
みかんくず湯

[1人分]

1. 小鍋に、くず粉大さじ1(9g)を入れ、水大さじ1でときのばす。
2. みかんジュース(果汁100%)150mlと砂糖小さじ1を1に加え、中火にかける。鍋底をこするように混ぜながら、とろりとするまで混ぜる。

Strawberry shake
ストロベリーシェイク

[2人分]

1. いちご150gはへたをとる。
2. ミキサーに、いちご(飾り用少々をとりおく)、牛乳100ml、バニラアイスクリーム100g、砂糖大さじ1、氷*100gを入れ、なめらかになるまでかける。
3. グラスにそそぎ、飾り用のいちご、ミント(あれば)少々をのせる。

*市販の氷はかたいため、家庭用冷蔵庫の製氷皿で凍らせた氷を使います。また、ミキサーの機種によっては、氷の粉砕をすすめていないものもあるので、取扱説明書をご確認ください。

ベターホームのお料理教室

　ベターホーム協会は1963年に創立。「心豊かな質の高い暮らし」をめざし、日本の家庭料理や暮らしの知恵を、生活者の視点から伝えています。活動の中心である「ベターホームのお料理教室」は、全国で開催。毎日の食事作りに役立つ調理の知識や知恵、健康に暮らすための知識などをわかりやすく教えています。

資料請求のご案内

お料理教室の開講は、5月と11月。パンフレットをお送りします。
ホームページからもお申込みできます。

http://www.betterhome.jp

- 本 部 事 務 局　TEL 03-3407-0471
- 大 阪 事 務 局　TEL 06-6376-2601
- 名古屋事務局　TEL 052-973-1391
- 札 幌 事 務 局　TEL 011-222-3078
- 福 岡 事 務 局　TEL 092-714-2411
- 仙 台 教 室　TEL 022-224-2228

ベターホームの
ひんやりスイーツ

発行日／2016年7月1日
定価／1100円+税
編集・発行／ベターホーム協会
　〒150-8363　東京都渋谷区渋谷1-15-12
　TEL:03-3407-0471
　http://www.betterhome.jp

料理研究／ベターホーム協会
撮影／松島均、大井一範、柿崎真子
スタイリング／青野康子（p.18、p.48を除く）
デザイン／北路社